La lección del chocolate

THERESA MARRAMA

Copyright © 2021 Theresa Marrama
Interior art by Nikola Kostovski
Cover art by Sumit Roy
All rights reserved.
No part of this publication may be reproduced, stored in a retrieval system, or transmitted, in any form or by any means (electronic, mechanical, photocopying, recording or otherwise), without prior written permission of Theresa Marrama.

ISBN: 978-1-7364064-7-2

We cannot heal the world today, but we can begin with a voice of compassion, a heart of love, an act of kindness.

– Mary Davis

Índice

Capítulo 1 : Carlos   1

Capítulo 2 :

A Carlos no le gusta la escuela   6

Capítulo 3 : Un proyecto   12

Capítulo 4 : La madre de Carlos   18

Capítulo 5 : Lucas   23

Capítulo 6 : A la chocolatería   28

Capítulo 7 : El chocolate   45

Capítulo 8 : Lucas y sus 3 razones   56

Capítulo 9 : El proyecto   64

Capítulo 10 : Una lección   67

Glosario :   75

ACKNOWLEDGMENTS

A big **MUCHAS GRACIAS** to Jennifer Degenhardt, Rachel Navarro, Ana Karen Gatica Toledo, Vilanah del Mar, and Andrea Giganti Dima for your attention to detail and all your amazing feedback!

CAPÍTULO 1

CARLOS

Esta es la historia de un niño. Se llama Carlos. Carlos tiene 7 años. Es pequeño. Es muy pequeño para su edad. Es **maya**[1]. Es tímido. Le gusta pasar tiempo a solas.

---

[1] **Maya** - A member of a Mesoamerican Indian people inhabiting, in part, southeast Mexico.

Carlos vive en una casa. Vive en una pequeña casa en México. Carlos vive con su padre y su madre.

México es un **país**[2] que está al sur de los Estados Unidos. México es un país grande, pero es más pequeño que los Estados Unidos.

---

[2] **país** - country

Carlos tiene una mascota. Es un perro que se llama Zorro. Zorro es pequeño. Zorro es el **mejor amigo** [3] de Carlos. Zorro entiende a Carlos. A Carlos le gusta su perro porque no **juzga** [4] a las personas y es amigable.

---

[3] **mejor amigo** - best friend
[4] **juzga** - judges

CAPÍTULO 2

A Carlos no le gusta la escuela

A Carlos no le gusta la escuela. La escuela es difícil para Carlos. No le gusta la tarea. No le gustan los libros. No le gustan los proyectos. No le gusta su clase.

Hay niños y niñas en su clase. Como Carlos, que es de origen maya, hay otros chicos mayas y hay otros chicos de diferentes orígenes étnicos en su escuela. Hay algunos chicos mestizos. En la región donde vive Carlos la **mayoría**[5] de las personas son de origen maya. Pero en México existen personas de muchos

---

[5] **mayoría** - majority

diferentes orígenes étnicos, como los zapotecos, los mixtecos, los huicholes, etc.

Hay también otras diferencias. Hay niños grandes. Hay niños pequeños. Carlos es uno de los niños pequeños. Él es **el más pequeño**[6] de la clase.

En su clase, hay chicos que no son agradables. Son malos. Carlos no entiende a los chicos malos. Él no entiende por qué son malos. Son malos con todo el mundo.

---

[6] **él más pequeño** - the smallest

Este grupo de chicos juzga a todo el mundo. Juzgan a las personas que son pequeñas. Juzgan a las personas que son tímidas. Juzgan a las personas que son de diferentes orígenes étnicos.

Y ahí, en ese grupo, está Lucas. Lucas es un chico de su clase. Es un chico malo, y es el más malo de la clase. Juzga a todo el mundo. Y cuando Lucas está ausente, Carlos está feliz.

Es lunes y Carlos está en clase. Su profesora anuncia:

—Esta semana vamos a hablar de diferencias. Hoy vamos a pensar en tres (3) razones porque somos diferentes. Vamos a escribirlas en un papel. Este jueves van a compartir los papeles con otra persona.

Carlos piensa. "¿Cómo soy diferente? Soy diferente porque..."

Escribe:

1. Soy el más pequeño de la clase.

2. Soy tímido.

3. No me gusta la escuela porque es difícil.

CAPÍTULO 3

Un proyecto

Es martes. Lucas está en clase cuando su profesora dice:

—La clase va a completar un proyecto esta semana. Vamos a investigar un **tema**[7]. Van a trabajar con un compañero o compañera. Van a investigar un tema y van a encontrar **una similitud**[8] y una diferencia entre el tema y las personas en general.

¿UN COMPAÑERO? ¡NO! No quiero un compañero –piensa Carlos.

---
[7] **tema** - subject
[8] **una similitud** - a similarity

Carlos no está contento. No le gustan los proyectos. Los proyectos son difíciles y normalmente los temas no son interesantes.

Su profesora continúa:

—El tema va a ser sobre México. Pablo, vas a investigar sobre la ropa tradicional y vas a trabajar con Antonio. Marco, vas a investigar sobre los **cenotes** [9] y vas a trabajar con José. Antonio, vas a investigar

---

[9] **cenotes** - natural swimming holes in Mexico formed by the erosion of limestone bedrock

sobre el fútbol y **la liga MX**[10] y vas a trabajar con Miguel.

Carlos no sabe qué tema va a investigar, y no sabe quién va a **ser**[11] su compañero. Pero está seguro de que no quiere trabajar con un chico malo.

Finalmente, su profesora dice:

—Y Carlos, vas a investigar sobre el chocolate. Mañana voy a darte tu

---

[10] **la liga MX** - the national soccer league of Mexico
[11] **ser** - to be

compañero porque no todos están en clase hoy."

Carlos **no puede creer su suerte**[12].

«¡Chocolate! ¡Me encanta el chocolate!» – piensa Carlos.

---

[12] **no puede creer su suerte** - can't believe his luck

¡A Carlos le gusta mucho el chocolate! Le interesa el chocolate. Carlos es muy curioso. Quiere aprender cosas sobre el chocolate en México.

El chocolate es su **dulce**[13] favorito. **Por primera vez**[14], le gusta un proyecto. Por primera vez, ¡le interesa la escuela!

---
[13] **dulce** - candy
[14] **por primera vez** - for the first time

CAPÍTULO 4

La madre de Carlos

La madre de Carlos se llama Cristina. Cristina es inteligente. Cristina es simpática.

La madre comprende que a Carlos no le gusta la escuela. Carlos no quiere pasar tiempo con los otros chicos de su clase. Está triste. Carlos sólo quiere pasar tiempo solo, o con su perro Zorro.

Después de la escuela, Carlos va a su casa.

–Carlos, ¿cómo **estuvo** [15] la escuela?

---

[15] **estuvo** - was

¿Hablaste [16] con los otros chicos de la clase?

—No, mamá, los otros chicos son malos. Y no somos similares. No quiero hablar con los otros chicos.

—Ay, Carlos. Seguro que eres similar a algunos de los chicos.

—No, mamá, los otros chicos son malos. No soy malo. No somos similares. Pero ¡por fin tengo un proyecto que me encanta! Voy

---

[16] **hablaste** - did you talk

a investigar sobre el chocolate para un proyecto.

–¡Oh, excelente ¡Te encanta el chocolate!

La madre de Carlos sabe que le gusta el tema de su proyecto: el chocolate. Pero **lo más importante**[17] es que, por primera vez, Carlos está feliz. Está contento con el proyecto. Está contento con la escuela.

Pero ella está triste. Carlos no tiene amigos en la escuela. Los otros chicos de la clase son malos. Está triste porque Carlos no

---

[17] **lo más importante** - the most important thing

tiene amigos. Su mamá quiere un amigo para Carlos.

CAPÍTULO 5

Lucas

Es miércoles. En la escuela, cuando Carlos entra en la clase su profesora dice:

—Carlos, ¿puedo hablar contigo?

Carlos no entiende. Es tímido. Está nervioso.

Su profesora dice:

—Carlos, no tienes compañero. Lucas no tiene compañero tampoco. Vas a trabajar con Lucas en el proyecto. ¿Está bien?

Carlos mira a su profesora. Es obvio que Carlos no está feliz. Lucas es un chico muy malo.

No, Lucas es el **peor**[18] chico de la clase. No quiere investigar sobre el chocolate con Lucas. Quiere investigar sobre el chocolate solo.

Carlos mira a su clase. Ve a Lucas. Lucas es alto. Es el más alto de la clase. Lucas está con el grupo de chicos malos. Lucas lo mira con una expresión mala. Cuando la

---
[18] **peor** - worst

profesora no mira, Lucas **tira**[19] un papel a la cabeza de Carlos. El grupo de niños malos **se ríen**[20].

Carlos mira el papel. Hay una nota en el papel.

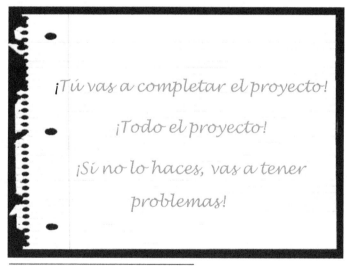

[19] **tira** - throws
[20] **se ríen** - laugh

Carlos piensa: *¿Por qué yo? ¿Por qué tengo a Lucas como compañero? Somos diferentes. Somos muy diferentes. Él es malo y yo soy simpático.*

CAPÍTULO 6

A la chocolatería

Es miércoles después de la escuela. La madre de Carlos le dice:

–Carlos, vamos a la chocolatería!

Carlos está contento. ¡Está muy contento! Carlos quiere ir a la chocolatería. Quiere ir a la chocolatería para investigar para su proyecto.

En la chocolatería él puede ver todo tipo de chocolates. Las chocolaterías son importantes en México. Hay muchas chocolaterías en México.

Carlos va a la chocolatería con su madre. Cuando llegan a la chocolatería, Carlos ve muchos chocolates por la ventana. Está fascinado.

Carlos entra en la chocolatería. Mira **por todas partes**[21]. **¡No puede creerlo**[22]**!** ¡Hay mucho chocolate!

---

[21] **por todas partes** - everywhere
[22] **no puede creerlo** - he can't believe it

Carlos está fascinando. Él le dice a su mamá:

– ¡Mira todo el chocolate!

Su madre mira todo el chocolate. Ella responde:

– ¡Sí, veo todo el chocolate!

Carlos mira otra vez. Le dice a su madre:

−¡Es increíble!

—¡Sí, es increíble!

La madre de Carlos le explica:

—El chocolate es popular en todo el mundo. Pero en México, es más popular. El chocolate es una parte de la historia de México.

Carlos mira todo en la chocolatería. Ve muchos chocolates diferentes. Está fascinado.

¡Le fascina todo el chocolate!

Carlos ve un póster con una lista de todos los chocolates diferentes. Mira la lista.

Carlos mira por toda la chocolatería. Mira a su madre. Le dice:

—Hay tantos chocolates diferentes.

—En México hay muchas chocolaterías. En México a las personas les gusta comer chocolate. Como tú sabes, en México nos gusta beber chocolate también. Hay chocolate en los platos famosos en México. Hay chocolate en las bebidas famosas en México también.

—¿Cuáles bebidas famosas? pregunta Carlos.

–Mira el póster Carlos –dice su madre.

Carlos mira el póster.

—Oh pozol, ¡sí! ¡Es increíble! El chocolate es importante en México —dice Carlos.

—Si, Carlos. En México a las personas les gusta mucho el chocolate. Hay muchos **chocolateros** [23] en México. Hay chocolateros en Yucatán, Tabasco, Chiapas y en Oaxaca. Cada chocolate es diferente. Cada chocolate es único —explica su madre.

Carlos mira todos los chocolates.

---

[23] **chocolateros** - chocolate shops

—Carlos, ¿qué piensas?

Carlos piensa un momento.

—Es como los **alumnos**[24] de mi clase. Los chocolates son muy diferentes. Cada persona es muy diferente —responde Carlos.

—Exacto, Carlos. Es igual —dice su madre.

—No, mamá. No es lo mismo.

---

[24] **alumnos** - students

—¿Por qué Carlos?

—Porque a todo el mundo le gusta el chocolate. A todo el mundo le gustan los chocolates diferentes. Y el chocolate no es malo.

—Ay, Carlos, es obvio que tienes problemas en la escuela. Pero no vamos a pensar en esos problemas hoy —dice su madre.

CAPÍTULO 7

El chocolate

Carlos mira los otros pósters en la chocolatería.

Las personas encontraron los primeros árboles de cacao en México hace miles de años.

—¡Es increíble! ¡Las personas **encontraron**[25] los primeros árboles de cacao en México **hace miles de años**[26]!

—Sí, es increíble —dice su madre.

—¡Mamá, mira el póster! ¡En un kilo de chocolate hay más de 800 **granos de cacao**[27]! dice Carlos.

---

[25] **encontraron** - they found
[26] **hace miles de años** - thousands of years ago
[27] **granos de cacao** - cocoa beans

—Mamá, ¿cómo se hace el chocolate? pregunta Carlos.

—Hay un ingrediente importante para hacer chocolate, es el cacao. Hay un

instrumento importante, el **molinillo**[28]
– dice su madre.

---
[28] **molinillo** - a traditional wooden grinder used to stir and chocolate drinks

—¿Dónde hay árboles de cacao? —pregunta Carlos.

—La mayor parte del cacao es de África, de la parte oeste, pero también hay cacao de Sudamérica y de Asia también.

—Mamá, Pero ¿CÓMO se hace el chocolate? pregunta Carlos.

—¡Vamos a ver los pósters!

Un grano de cacao

–¡**Órale!** [29] ¡Es increíble! Hay mucha información del chocolate, dice Carlos.

---

[29] ¡**Órale!** - Wow!

Más tarde, vuelve a casa con su madre. Escribe todo lo que ya sabe del chocolate.

EL CHOCOLATE

-Hay un ingrediente importante para hacer chocolate, es el cacao.

-Las personas encontraron los primeros árboles de cacao en México hacen miles de años.

-La mayor parte del cacao es de África, de la parte oeste, pero también hay cacao de Sudamérica y de Asia también.

-Hay más de 800 granos de cacao en un kilo do chocolate.

PARA HACER CHOCOLATE

1. Recolectar las vainas de los árboles.

2. Quitar los granos de las vainas.

3. Romper (break) los granos para sacar el ingrediente más importante: el cacao.

4. Tostar del cacao

5. Moler (grind) el cacao y batir (mix) el cacao con el azúcar (o la canela o la vainilla)

CAPÍTULO 8

Lucas y sus tres razones

Es el jueves y Carlos está en clase. Su profesora dice:

—Hoy ustedes van a compartir las tres diferencias entre tu compañero de clase y tú.

Otro chico pregunta:

—¿Vamos a compartir con el mismo compañero que tenemos para el proyecto?

Carlos no quiere trabajar con Lucas. Quiere a otro compañero.

—Sí, ustedes van a compartir los papeles con su compañero del proyecto —dice la profesora.

La profesora camina a donde están Lucas y Carlos y dice:

—Lucas y Carlos, tienen que compartir sus papeles.

Carlos mira a Lucas. Es obvio que Lucas no quiere compartir su papel. Por primera vez, Lucas está silencioso. Está nervioso. Los dos chicos comparten papeles.

Carlos mira el papel de Lucas.

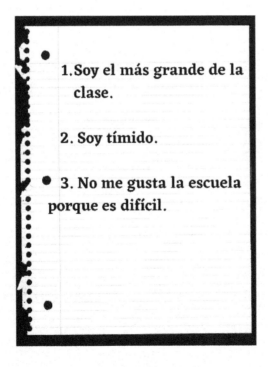

¿Lucas, tímido? ¿No le gusta la escuela?

Lucas tiene la misma información que yo.

¿Somos similares? –piensa Carlos.

Lucas mira el papel de Carlos. Él también está sorprendido. Mira a Carlos.

La profesora mira a Carlos. La profesora mira a Lucas. Ella pregunta:

–Carlos y Lucas, ¿ustedes son similares o diferentes?

Carlos no responde. Lucas no responde.

La profesora mira los papeles de Lucas y de Carlos. No dice nada, pero **sonríe**[30].

Por fin, pregunta:

—Muy bien clase, ¿qué **aprendieron**[31] de esta actividad?

Una chica de la clase **levanta la mano**[32].

---

[30] **sonríe** - she smiles
[31] **aprendieron** - you learn
[32] **levanta la mano** - raises her hand

–¿Sí, Julia? –pregunta la profesora.

–Somos similares **y** somos diferentes **a la vez**[33].

–Es cierto, Julia. Todos somos diferentes, pero todos somos similares también.

Carlos mira por la clase y levanta la mano.

–Sí, Carlos.

---

[33] **a la vez** - at the same time

—Somos muy similares.

—Es cierto, Carlos. Somos muy similares y diferentes también.

—Muy bien, clase, mañana vamos a presentar nuestros proyectos. Vamos a discutir los proyectos.

Después de esta actividad, Lucas está un poco diferente. No es malo. Es... es más simpático.

CAPÍTULO 9

El proyecto

Después de la escuela, Carlos va a su casa.

—Carlos, ¿cómo estuvo la escuela? ¿Hablaste con los otros chicos de la clase?

—La escuela estuvo bien. Lucas, el peor chico de la clase, y yo somos similares. Es interesante... —responde Carlos.

Su madre lo mira. Sonríe.

Carlos trabaja en el proyecto. Escribe toda la información de su visita a la chocolatería.

—Mamá, mañana voy a dar chocolates a la clase. A la clase le van a gustar los chocolates.

¿A quién no le gusta el chocolate? —piensa Carlos.

—Carlos, es una buena idea, una muy buena idea —responde su madre.

CAPÍTULO 10

Una lección

Es viernes y Carlos está en clase. Su profesora dice:

—Hoy vamos a presentar los proyectos.

Lucas mira a Carlos y piensa: *¿Cómo vamos a presentar el proyecto? No trabajamos juntos.*

La profesora dice:

—La clase tiene cinco minutos para preparar las presentaciones.
Lucas habla con Carlos.

—¿Cómo va el proyecto? —pregunta Lucas.

—¡Está listo! —dice Carlos.

Lucas no habla. Finalmente mira a Carlos y dice:

—Está bien si quieres hablar con la profesora. Yo **no hice** [34] nada para el proyecto.

Carlos mira a Lucas. Comprende que Lucas es malo, pero no es tan malo... Y Carlos es

---

[34] **no hice** - didn't do

simpático. Carlos le da una hoja de papel y una caja de chocolates.

—Aquí tienes la información para explicar los diferentes tipos de chocolate y una caja de chocolates para dar un chocolate a cada persona de la clase. Voy a explicar cómo se prepara el chocolate.

Lucas mira a Carlos. No comprende.

—¿Por qué me ayudas, Carlos? **Fui**[35]malo contigo en clase. No... fui horrible contigo.

---
[35] **fui** - I was

No tienes ninguna razón para ayudarme...
– dice Lucas.

Lucas habla otra vez.

—No entiendo... ¿Por qué quieres ayudarme?"

—Todo el mundo necesita una segunda oportunidad. Y, tú y yo somos similares. ¡Entiendo que no te gusta la escuela y que es difícil para ti! —responde Carlos.

Lucas mira a Carlos y dice:

—Lo siento... quiero ser más simpático. No quiero ser malo...

—Entiendo... Puedes ser simpático. Todo el mundo puede ser simpático. Si quieres, podemos ir juntos a la chocolatería este fin de semana. Es una chocolatería increíble – responde Carlos.

Lucas no responde, pero sonríe.

Los otros grupos presentan sus proyectos. Finalmente, Carlos y Lucas presentan. Lucas habla primero. Carlos habla después de Lucas.

Después de la presentación, la profesora pregunta:

Carlos, ¿qué **aprendiste** ³⁶ con este proyecto?

Carlos mira a Lucas y dice:

—**Aprendí** ³⁷ que, como los chocolates, todos somos diferentes. Y como los chocolates, todos somos similares. Necesitamos respetar a todas las personas. Como el chocolate, todos los diferentes chocolates de México tienen el mismo

---

³⁶ **aprendiste** - you learned
³⁷ **aprendí** - I learned

ingrediente fundamental, el cacao; las personas tenemos el mismo ingrediente fundamental, la compasión. Solamente, tenemos que estar preparados para compartirlo.

GLOSARIO

A
a - to, at
actividad - activity
África - Africa
agradables - nice
ahí - there
al- to the
algunos - some
alto - tall
alumnos - students
amigable - friendly
amigo(s) - friend(s)
años - years
anuncia - announces
aprender - to learn
aprendieron - they learned
aquí - here
árboles - trees
Asia - Asia
ausente - absent
ayudarme - to help me
ayudas - you help

B
beber - to drink
bebidas - drinks
bien - well
buena - good

C
cabeza - head
cacao - cocoa
cada - each
caja - box
camina - s/he walks
casa - house
Chiapas - a region in Mexico
chica - girl

chico(s) - boy(s)
chocolate(s) - chocolate(s)
chocolatería(s) - chocolate shop(s)
cierto - true
clase - class
comer - to eat
como - like, as
comparten - they share
compartir - to share
compartirlo - to share it
compasión - compassion
compañera - partner (female)
compañero - partner (male)
completar - to complete
comprende - s/he understands
con - with
contento - happy
contigo - with you
continua - s/he continues
cosas - things
creer - to believe
creerlo - believe it
cuando - when
curioso - curious
cuáles - which
cómo - how

D

da - s/he gives
dar - to give
darte - to give you
de - of, from
del - of the, from the
después - after
dice - s/he says
diferencia(s) - difference(s)
diferente(s) - different
difícil(es) - difficult
discutir - to discuss
donde - where

dónde - where
dos - two

E

edad - state
el - the
él - he
ella - she
en - in
(me) encanta - (I) love
encontrar - to find
entiende - s/he understands
entiendo - I understand
entra - he enters
entre - between
eres - you are
es - s/he/it is
escribe - he writes
escuela - school
esos - these
esta - this
Estados Unidos - United States
estar - to be
este - this
estuvo - was
está - s/he is
están - they are
étnico - ethnicity
étnicos - ethnicities
exacto - exactly
excelente - excellent
existen - they exist
explica - s/he explains
explicar - to explain
expresión - expression

F

famosas - famous
famosos - famous
fascina - fascinates
fascinado - fascinated
fascinando - fascinating
favorito - favorite
feliz - happy
fin - end

finalmente - finally
fundamental - fundamental
fútbol - soccer

G

general - general
grande(s) - big
granos - beans
grupo(s) - group(s)
gusta - he likes
gustan - they like
gustar - to like

H

habla - s/he talks
hablar - to talk
hace - s/he does, s/he makes
hacer - to do, to make
haces - you do
hay - there is, there are
historia - story

historia - history
hoja de papel - sheet of paper
horrible - horrible
hoy - today
huicholes - an ethnic group in Mexico

I

idea - idea
igual - equal
importante(s) - important
increíble - incredible
información - information
ingrediente - ingredient
instrumento - instrument
inteligente - intelligent
interesa - interests
interesante(s) - interesting

investigar - to investigate
ir - to go

J

jueves - Thursday
juntos - together
juzga - s/he judges
juzgan - they judge

K

kilo - kilogram

L

la - the
las - the
le - to him, to her
lección - lesson
les - to them
levanta - s/he raises
libros - books
liga - league
lista - list
listo - ready
llama - she calls
llegan - they arrive
lo - him
los - the
lunes - Monday

M

madre - mother
mala - bad
malo(s) - bad
mamá - mom
mano - hand
martes - Tuesday
más tarde - later
más - more
mascota - pet
mayor - most
mañana - tomorrow
me - me, to me
mejor - best
mestizos - mixed
mi - my
miles - thousands
minutos - minutes
mira - s/he looks at
misma - same
mismo - same

mixtecos - an ethnic group in Mexico
miércoles - Wednesday
momento - moment
mucha(s) - a lot
mucho(s) - a lot
muy - very
méxico - Mexico

N

nada - nothing
necesita - s/he needs
necesitamos - we need
nervioso - nervous
ninguna - not one
niñas - kids
niño(s) - kids
no - no
normalmente - normally
nota - note
nuestros - our

O

o - or
obvio - obvious
oeste - west
oportunidad - opportunity
origen(es) - origen(s)
otra(s) - other(s), another
otro(s) - other(s), another

P

padre - father
papel(es) - paper(s)
para - for
parte(s) - part(s)
pasar - to spend
país - country
pensar - to think
pequeña(s) - small
pequeño(s) - small
pero - but
perro - dog
persona(s) -

person(s)
piensa - s/he thinks
piensas - you think
platos - dishes
poco - little
podemos - we can
popular - popular
por - for
porque - because
poster(s) - posters
pregunta - s/he asks
prepara - he prepares
preparados - prepared
preparer - to prepare
presentación(es) - presentation(s)
presentan - they present
presenter - to present
primera - first
primero(s) - first
problemas - problems
profesora - teacher
proyecto(s) - project(s)
puede - s/he can
puedes - you can
puedo - I can

Q

que - that
quiere - s/he wants
quieres - you want
quiero - I want
quién - who
qué - what

R

razones - reasons
razón - reason
región - region
respetar - to respect
responde - s/he responds
ropa - clothing
ríen - they laugh

S

sabe - s/he knows
sabes - you know
se - himself, herself
segunda - second
seguro - sure
semana - week
ser - to be
si - if
sí - yes
(lo) siento - I am sorry
silencioso - silent
similar(es) - similar
similitud - similarity
simpática - nice
simpático - nice
sobre - about
solamente - only
solas - alone
solo - alone
sólo - alone
somos - we are
son - his
sorprendido - surprised
soy - I am
su - his, her
Sudamérica - South America
suerte - luck
sur - south
sus - his

T

también - also
tampoco - either
tan - so
tantos - so much, so many
(más) tarde - later
tarea - homework
te - you
tema(s) - subject(s)
temenos - we have
tener - to have
tengo - I have
ti - you
tiempo - time
tiene - s/he has
tienen - they have
tienes - you have

tipo(s) - type(s)
tira - he throws
toda(s) - all
todo el mundo - everyone
todos - all
trabaja - s/he works
trabajamos - we work
trabajar - to work
tradicional - traditional
tres - three
triste - sad
tu - your
tímidas - shy
tímido - shy
tú - you

U

un - a, an
una - a, an
único - unique
uno - one
ustedes - you

V

va - s/he goes
vamos - we are going
van - they go
vas - you go
ve - s/he sees
ventana - window
veo - I see
ver - to see
viernes - Friday
visita - s/he visits
vive - he lives
voy - I am going
vuelve - s/he returns

Y

y - and
ya - already
yo - I

ABOUT THE AUTHOR

Theresa Marrama is a French teacher in northern New York. She has been teaching French to middle and high school students since 2007. She is the author of many language learner novels and has also translated a variety of Spanish comprehensible readers into French. She enjoys teaching with Comprehensible Input and writing comprehensible stories for language learners.

Theresa Marrama's books include:

Une Obsession dangereuse, which can be purchased at www.fluencymatters.com

Her French books on Amazon include:

Une disparition mystérieuse
L'île au trésor : Première partie :
La malédiction de l'île Oak
L'île au trésor : Deuxième partie :
La découverte d'un secret
La lettre
Léo et Anton
La maison du 13 rue Verdon
Mystère au Louvre
Perdue dans les catacombes
Les chaussettes de Tito
L'accident
Kobe – Naissance d'une légende
Kobe – Naissance d'une légende (au passé)
Le Château de Chambord : Première partie :
Secrets d'une famille
Zeinixx
La leçon de chocolat

Her Spanish books on Amazon include:

La ofrenda de Sofía
Una desaparición misteriosa
Luis y Antonio
La carta
La casa en la calle Verdón
La isla del tesoro: Primera parte: La maldición de la isla Oak

La isla del tesoro: Segunda parte: El descubrimiento de un secreto
Misterio en el museo
Los calcetines de Naby
El accidente
Kobe – El nacimiento de una leyenda (en tiempo presente)
Kobe – El nacimiento de una leyenda (en tiempo pasado)

Her German books on Amazon include:
Leona und Anna
Geräusche im Wald
Der Brief
Nachts im Wald
Die Stutzen von Tito
Der Unfall
Kobe – Geburt einer Legende
Kobe – Geburt einer Legende (Past Tense)
Das Haus Nummer 13

Check out Theresa's website for more resources and materials to accompany her books:
www.compellinglanguagecorner.com

Check out her e-books:
www.digilangua.co

Made in the USA
Monee, IL
12 November 2021